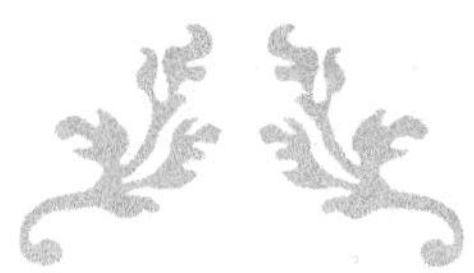

ESTRATEGIAS DE OPTIMIZACIÓN DE EMBUDOS DE VENTAS

Descubra cómo optimizar sus embudos para obtener el máximo de conversiones

C.X. CRUZ

Tabla de contenido

Introducción

Mucha gente que intenta vender cualquier cosa en línea simplemente no lo está haciendo bien. Esta es la razón principal por la que la gran mayoría de las personas que intentan vender productos de afiliados simplemente no pueden ganarse la vida con su marketing online.

No es porque estas personas sean tontas. No es porque sean incapaces de ganar dinero en línea. Por favor, comprenda que solo porque haya escuchado que puede obtener muchos ingresos pasivos en Internet no significa necesariamente que solo necesite arremangarse y poner un sitio web y, de repente, todo este dinero lo hará. venir.

Odio decírtelo, pero la idea de "constrúyelo y ellos vendrán" es solo una quimera. Puede que haya funcionado hace 10 años. Pero créeme. Hoy no funciona. Simplemente hay demasiada competencia ahí fuera.

De hecho, según varias estimaciones, todos los días se cargan más de 2 millones de piezas de contenido nuevo en línea todos los días. Piense en eso por un segundo. Trate de envolver su mente alrededor de esa cifra. ¡2 millones de piezas!

Así que no importa en qué tipo de nicho se encuentre. No importa cuán oscura o esotérica le parezca su categoría de nicho. Simplemente hay demasiada competencia ahí fuera. Y pensar que acaba de poner un sitio web y, de repente, todas estas personas vendrían a golpear su puerta digital y le entregarían sus dólares ganados con tanto esfuerzo es simplemente una fantasía.

Deshazte de ese pensamiento si quieres tener la oportunidad de ganar dinero en línea.

Si realmente desea generar ingresos pasivos utilizando propiedades en línea, escuche esto. Tienes que crear un embudo de ventas. El hecho de que publique un artículo en línea no significa que las personas que lo encuentren lo encontrarán tan convincente y tan persuasivo que le entregarán dólares. ¡No funciona de esa manera!

En cambio, debes mirarlos como ovejas. Así es. Tienes que ser pastor. Tienes que entender que para que las personas busquen tu contenido, en el fondo, ya están interesadas en lo que sea que estés impulsando.

Quizás estás vendiendo un servicio. Tal vez esté tratando de promover algún tipo de producto afiliado. Quizás tienes una tienda en línea. ¡No importa! Las personas que leen tu contenido ya están interesadas de alguna manera.

Pero el problema es la forma en que posiciona su oferta juega un papel importante en cómo responderían. Tienes que mirar la situación desde su perspectiva. ¿Cuándo fue la última vez que compró algo en línea? Lo más probable es que no haya pasado tanto tiempo.

Cuando buscaba algo en línea, no buscaba entregarle a Joe Blow 10 de los dólares que tanto le costó ganar. ¡No! En cambio, estás pensando para ti mismo: "Tengo un problema. Estoy buscando una solución a mi problema. Estoy buscando una página en Internet que me convenza de que comprenden mi problema y pueden llevarme a la solución correcta ".

Así es como la mayoría de la gente compra online. De hecho, mucha gente que compra cosas lo hace impulsivamente. No es porque no quieran gastar su dinero. Es solo porque encontraron los materiales adecuados que respondían a sus necesidades.

Incluso si sus necesidades no son de la más alta prioridad, encontraron contenido en línea que apelaba a esas necesidades de la manera correcta, por lo que terminan separándose del dinero que tanto les costó ganar. Usted puede hacer lo mismo. Todo se reduce a crear el embudo de ventas adecuado.

Mira cómo se forma un embudo. Es como una pirámide invertida. Es muy ancho en la parte superior y a medida que se acerca más y más a la sección de salida real del embudo, se vuelve más y más angosto. Debe pensar en todo lo que hace en línea como una especie de embudo.

A medida que cada prospecto se acerca más y más al final del embudo, hay cada vez menos prospectos. Esto es bueno porque el embudo funciona para filtrar a las personas en función de sus intereses. Si no configura un sistema de este tipo, le resultará muy difícil convertir a la gente. Esa es la conclusión.

Ya sea que gane dinero a través de clics en anuncios utilizando la plataforma de monetización de AdSense o venda productos de afiliados o venda sus propios servicios o ejecute su propia tienda de envío directo en línea, no importa.

Está tratando de convertir a las personas de simples usuarios de enlaces y lectores de su contenido a dinero en efectivo. El modelo de embudo de ventas lo ayuda a elaborar estrategias de trabajo en conjunto que lo ayudarían a convertir su contenido y tráfico en efectivo.

Este libro le enseña cómo optimizar su embudo de ventas. Mi objetivo es ayudarlo a realizar estrategias clave que lo ayudarán a maximizar las conversiones y, por lo tanto, maximizar sus ganancias.

¿Qué es un embudo de ventas?

Un embudo de ventas es esencialmente un sistema de filtración.

Hay muchos tipos diferentes de ojos que su vínculo o contenido atraerá en Internet. La mayoría de ellos no están interesados en comprar, al menos no ahora. Su embudo de ventas le ayuda a procesar a todas estas personas para maximizar la cantidad de dólares que puede sacar de ellas.

La mayoría de los filtros de ventas no están configurados correctamente.

Muchos especialistas en marketing fracasan porque creen que tienen un embudo de ventas. Lo que tienen es un balde que gotea.
Conozca la diferencia.
Un embudo de ventas hace lo siguiente:

Los embudos de ventas deben demostrar el valor de una solución en particular.
Los embudos de ventas deben responder a las necesidades de las personas que buscan una solución.
Los embudos de ventas deben generar confianza en una categoría particular de solución.
Los embudos de ventas deben dirigir a los compradores potenciales a una categoría específica de soluciones que conducen a un tipo específico de producto.
Los embudos de ventas deben generar confianza en una oferta de producto específica con exclusión de las ofertas de la competencia.

Si su embudo de ventas no hace TODO lo anterior, tiene un cubo con fugas. En el mejor de los casos, se está conformando con centavos por dólar. En el peor de los casos, está perdiendo dinero y no sabe por qué.

¿Cómo sabe que su embudo de ventas está funcionando?

En realidad, esto es muy fácil. O está ganando la mayor cantidad de dólares de sus actividades en línea o no. Esa es la conclusión. Es muy fácil de entender.

No se obsesione con el tráfico. No se entusiasme con las tasas de clics. No confíe demasiado en la cantidad de personas que interactúan con su contenido en las redes sociales. Todos esos son importantes, pero ... la métrica más importante es el BENEFICIO.

Para generar ganancias, su embudo DEBE convertir. Céntrese primero en la conversión al final del embudo. Luego, realice una copia de seguridad del embudo para maximizar la efectividad de cada paso antes de la conversión.

Los embudos de ventas tienen diferentes componentes

Aquí es donde la gente se equivoca. Piensan que un embudo de ventas se trata solo de convertir el tráfico en efectivo. No se dan cuenta de que necesitas dar información a las personas para que confíen en ti lo suficiente como para comprar lo que sea que estés promocionando.

En consecuencia, un embudo de ventas se compone de 2 partes. El embudo de contenido y un embudo de conversión. No confunda los 2. No son lo mismo. Se superponen entre sí, pero no son lo mismo.

Un embudo de conversión toma el tráfico y lo convierte en efectivo al hacer que el cliente potencial recorra una serie de páginas o bloques de texto dentro de una página. A medida que la persona avanza en cada sección, esa persona desarrolla lo siguiente:

Primero, tienen la impresión de que sabes de lo que estás hablando. Empiezan a creer que tienes el conocimiento suficiente sobre lo que sea de lo que estás hablando para que sigan leyendo tu material. Esto puede estar en una página; esto puede estar en un par de páginas; o esto puede tener lugar en una serie de páginas o puede tomar la forma de una serie de correos electrónicos. Independientemente, se trata de generar credibilidad.

Un embudo de conversión efectivo configura las cosas de tal manera que cuanto más lee su prospecto su material, más le cree. En última instancia, esto crea suficiente confianza para que su cliente potencial haga lo que usted quiere que haga.

Esto puede tomar diferentes formas. Puede pedirles que completen un formulario y cuando lo completen, un patrocinador le pagará. Puede pedirles que hagan clic en un enlace de ventas que dice "Solicitar ahora". Cuando compran algo, obtienes una comisión. Puede pedirles que ingresen su dirección de correo electrónico y se una a su lista de correo.

Independientemente de la forma que adopte, el objetivo de un embudo de conversión es el mismo. Se trata de obtener tráfico de Internet, filtrarlo a un grupo central de personas que le creen y confían en su autoridad lo suficiente como para hacer lo que usted quiere que hagan.

Un embudo de contenido es una serie de publicaciones de blog, artículos y páginas tanto de su lado como de sitios web de terceros que guían a los visitantes a través de diferentes etapas de confianza. Al principio, logras que comprendan y crean que eres creíble cuando se trata de un cuerpo de conocimiento específico.

Por ejemplo, si las personas buscan consejos sobre cómo desparasitar a sus perros, su embudo de contenido comenzaría con material que responda preguntas básicas sobre el proceso de desparasitación. Cuando las personas los leen, obtienen la información que buscan, pero probablemente estén buscando otra información. Ahora que saben cómo desparasitar a un perro, ¿existe la mejor manera de hacerlo? ¿Existe algún producto que lo haga lo más rápido, indoloro y conveniente posible?

Su embudo de contenido se encarga de todas estas preguntas, pero todo lo hace en el contexto de generar una confianza cada vez mayor en su autoridad. Comienza estableciendo en la mente del lector que usted está informado y es lo suficientemente creíble acerca de las preguntas básicas que está formulando.

Si les gusta lo que leen y todavía tienen otras preguntas sobre qué solución es la mejor, pueden hacer clic para vincular y luego los guiará a través de su comparación de los diferentes tipos de soluciones que existen.

Nuevamente, estos no son necesariamente productos individuales. Estas pueden ser solo diferentes formas de purgar a su perro. Puedes comparar las diferentes formas de purgar a tu perro. Hay una forma cien por ciento orgánica y luego están las formas químicas tradicionales, y así sucesivamente.

Luego, compara estos para resaltar al lector que se puede confiar en usted porque sabe lo suficiente para poder comparar y luego sugiere una solución específica y luego, cuando hacen clic en ella, terminan en una página de confianza. Aquí es donde básicamente te ganas su confianza al deletrear generalmente en forma de un informe en profundidad o una revisión de los pros y los contras de un producto o solución específicos. Desde aquí, puede convertirlos. Puede vincularlos a un embudo de conversión o puede hacer que se registren en una lista de correo.

Los embudos de ventas efectivos comienzan con el conocimiento del producto

Sepa íntimamente lo que está promocionando. Ya sea que venda un producto, un servicio o sea un afiliado que impulse las cosas de otra persona, no importa. Debe establecer cierto nivel de experiencia en lo que sea que esté impulsando.

Si no tiene idea de lo que está vendiendo, ¿cómo espera ganar credibilidad y autoridad a los ojos de las personas que está tratando de comprarle? Eso simplemente no va a suceder porque no pusiste el tiempo, el esfuerzo y la energía para alcanzar ese nivel de conocimiento.

El conocimiento efectivo del producto es vital tanto para los embudos de conversión como para los embudos de contenido.

Algunas preguntas clave que debes hacer:

¿Qué problema resuelve su producto?

Piense en términos básicos. Si está vendiendo algo, es porque resuelve un problema. Si eres un agente de bienes raíces, estás vendiendo una casa. ¿Por qué la gente necesita un hogar? No es lo que piensas. Lo necesitan por ubicación. Algunas personas lo compran por estatus. Otras personas lo compran por estilo de vida.

Comprender estas diferentes razones y navegar por ellas le permite vincular estas razones con ciertas audiencias para que pueda hablar su idioma.

¿Puedes hablar el idioma de tu audiencia?

La mayoría de las personas siempre se preguntan: "¿Qué gano yo con esto?" Tienes que entender esta pregunta y tienes que responderla en el mismo idioma que la persona a la que estás tratando de vender. De lo contrario, no realizará una venta. Es así de simple.

Debe presentar la propuesta de valor de su producto en términos claros que respondan fácilmente a las preguntas que sus clientes se hacen en sus cabezas.

Cuando las personas compran un Mercedes Benz, no es porque solo estén buscando ir del punto A al punto B. Si eso es todo lo que querían, podrían haber comprado una de las muchas marcas más baratas.

Tienes que hablar su idioma. Cual es su razon? Buscan lujo. Buscan pruebas tangibles de que pueden mostrar a otras personas que han alcanzado un estatus social más alto.

Ese es el objetivo de comprar un Mercedes Benz, un Ferrari, un BMW o un Porsche. Tienes que concentrarte en ese complejo de necesidades en competencia y hablar el idioma de tu cliente potencial.

¿Puede dividir los diferentes beneficios y expresarlos con cuidado? Es muy importante comprender que cuando las personas terminan en su página de conversión, estas personas no son idénticas.

Por ejemplo, volviendo al escenario de Mercedes Benz, diferentes personas comprarían diferentes Mercedes Benz por diferentes razones. Sabemos que si las personas solo buscan un transporte básico, probablemente no elegirán un Benz. Esa es una opción muy cara solo para cubrir las necesidades básicas de transporte.

Con eso fuera del camino, debe enumerar todos los beneficios potenciales que la gente buscaría en una marca automotriz alemana de marca, sofisticada y prestigiosa. No se trata solo de estatus social. Algunas personas buscan la máxima calidad. En otras palabras, piensan para sí mismos: "Si compro el mejor producto, sé que hay una alta probabilidad de que no me descomponga en medio de la nada". Otras personas compran un Mercedes Benz porque tienen cierta afinidad con la tradición de ingeniería de Mercedes Benz.

Cuando crea un embudo de conversión, debe concentrarse en todas estas posibles razones y beneficios y luego debe priorizarlos, que son más probables, que pueden estar vinculados a preguntas, que son más prácticas, pero haga lo que haga , su embudo de ventas debe responder a todas estas necesidades diferentes para empujar a las personas por el embudo.

Recuerde que los diferentes beneficios atraen a diferentes personas, por lo que cuando obtiene todos estos clics de sus campañas publicitarias pagas de Facebook o de su marketing orgánico de artículos, su embudo de ventas debe tener suficiente información para atraer a diferentes tipos de personas. No puede simplemente asumir que todos los que llegan a su página están tratando de satisfacer las mismas necesidades.

Es como un anuncio de Mercedes que básicamente dice que se trata de lujo. Es un gran anuncio si está seguro de que casi todas las personas que miran ese anuncio buscan lujo. Pero, ¿qué pasa con la persona que está buscando el automóvil mejor diseñado que pueda encontrar? ¿Qué pasa con la otra persona que simplemente tiene afinidad por muchas cosas alemanas y así sucesivamente?

Tienes que crear un embudo de ventas que responda a estas diferentes necesidades para capturar a todas estas personas y empujarlas por el embudo para que puedas convertirlas en dinero contante y sonante.

Traducir la inteligencia del consumidor en una estrategia de contenido viable

Los embudos de ventas pueden estar formados solo por páginas de conversión o contenido con páginas de conversión.

Muchos especialistas en marketing piensan que solo necesitan comprar tráfico y luego volcar este tráfico en las páginas de conversión. Si esa es tu estrategia, puedes hacerlo. Te enseñaré cómo hacerlo de manera eficaz.

Sin embargo, si está buscando ahorrar dinero o si no tiene dinero en absoluto, aún puede ganar dinero en línea utilizando contenido para atraer tráfico de Internet de forma gratuita y luego conectarlo a las páginas de conversión.

Debe tener en cuenta la estrategia que está utilizando: embudo de conversión solo versus embudo de contenido más embudo de conversión.

No confunda los embudos de contenido con los embudos de conversión

Los embudos de conversión pueden funcionar con tráfico pago. Básicamente, solo compras tráfico y lo vuelcas en una serie de páginas y lo que sale es una venta. Muy claro. Te enseñaré cómo optimizarlos más adelante.

Pero si no tiene dinero o tiene pocos fondos, puede usar contenido en línea para atraer tráfico de motores de búsqueda, plataformas de redes sociales y otras fuentes de tráfico en línea y conectarlos a sus páginas de conversión.

Necesitas saber cómo funcionan estos 2 modelos alternativos. No puedes confundir los 2. Si crees que son lo mismo, entonces estás jugando mal y no es de extrañar que estés perdiendo dinero a puñetazos.

Los embudos de contenido tienen que ver con generar confianza. Para que alguien te compre algo, tiene que confiar en ti. Esa es la conclusión.

Los embudos de contenido se basan en una pregunta central: ¿Cómo logras que las personas confíen en ti en línea?

En primer lugar, debe hacer que comprendan que usted conoce sus necesidades. En segundo lugar, tienes que conseguir que les guste tu experiencia o tu opinión o tu comprensión de sus problemas. Esto conduce a la confianza. Una vez que consigas que confíen en ti, puedes presionarlos para que te compren.

KLT son las siglas de Know, Like and Trust. Su contenido debe organizarse de esta manera. El resultado final es la confianza. Ahí es donde conecta su embudo de contenido a su embudo de conversión.

Punto de inserción n. ° 4

Si va a crear un sitio web denso en contenido que utiliza una estrategia de embudo de contenido, le sugiero que utilice el sistema Silo. Esto comienza con información general, que luego se vincula a páginas que tienen información más detallada. Cuando las personas los leen, es fácil para ellos hacer clic de una página a la siguiente dependiendo de qué tan entusiasmados estén para encontrar más sobre el tema que están investigando. Deben basarse en preguntas para que sean más fáciles de digerir.

Es importante que todo su sitio web esté diseñado de esta manera para que parezca sencillo y no sea necesario pensar mucho para que la gente navegue. Pueden comenzar muy lento y bajo, básicamente en páginas que tratan con información general y, a medida que hacen clic, se profundizan cada vez más en información más detallada hasta que obtienen comparaciones y luego terminan en páginas de confianza, que esencialmente solo impulsan un producto en particular. a ellos. Lo importante es que todas sus preguntas se hagan a medida que avanzan en el proceso.

Ahora que ha configurado su sitio web basándose en preguntas que comienzan con la K (páginas de conocimiento), debe promocionar su sitio utilizando sus páginas K. ¿Qué quiero decir con eso? En Internet, la gente hace preguntas, tal vez en Twitter; quizás estén en un grupo de Facebook; posiblemente dejaron un comentario en una publicación de la página de Facebook; cualquiera que sea la forma que adopte, generalmente la gente hace preguntas y cuando miras cómo deberías haber configurado tus páginas K, todo se trata de preguntas.

Básicamente, solo busca estas preguntas existentes en Internet y luego explica un poco tu contenido y luego suelta un enlace a tu contenido. No está enviando spam porque está respondiendo una pregunta y está proporcionando un recurso.

Todo depende de cómo lo hagas. No puedes simplemente soltar un enlace y esperar que el lector junte dos y dos y se dé cuenta de que no estás enviando spam. No, eso no funciona de esa manera. En cambio, la gente pensará que estás enviando spam a tu enlace.

Tienes que al menos hacer el esfuerzo de conectar la pregunta que hicieron, la respuesta que está en tu página, y luego hacer que se entusiasmen con aprender más sobre el tema y luego soltar el enlace. Si lo hace, su enlace dejará de ser spam, en términos generales. En cambio, su enlace es en realidad un recurso porque hizo un reclamo y luego pueden hacer clic en el enlace para obtener más información. En otras palabras, actúa como una especie de cita.

Esto no es muy diferente de leer un ensayo y básicamente estar intrigado por una afirmación que se hace y si desea investigar más la afirmación, hay una cita.

La clave para utilizar con éxito sus páginas K como parte de sus esfuerzos generales de promoción en línea es establecer primero la credibilidad y la autoridad. Esto significa que cuando esté en foros, responda las preguntas de las personas que pueden no tener nada que ver con su sitio web. Tienes que ser obvio con tu necesidad de ayudar a los demás.

La gente odia a los cazadores furtivos del tráfico. Básicamente, es obvio que estas personas realmente no se preocupan por los miembros de la comunidad o las personas que leen sus cosas. Solo quieren ganar dinero. No quieres ser esa persona y ¿cómo sabes que te importa?

Compartir información. Haga todo lo posible para ayudar a las personas y luego, cuando suelte ese enlace, su sitio atraerá a las personas y luego las empujará hacia abajo en el embudo de contenido.

La conclusión es vivir según el viejo dicho: a las personas no les importará lo que sabes hasta que sepan que te preocupas. ¿Obtén éso? ¡Bien!

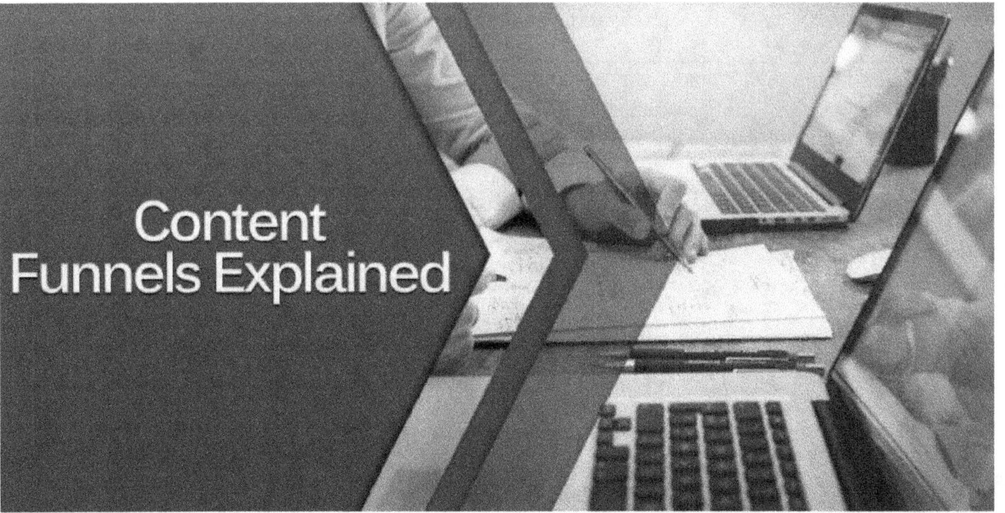

Explicación de los embudos de contenido

Todo comienza con K

Su embudo de contenido comienza con su conocimiento de las necesidades de su audiencia. No están ahí para joder. Cuando alguien busca "Cómo inmigrar a Canadá" en un motor de búsqueda, está buscando una página que le brinde información legal sobre cómo pueden salir de su país para convertirse en ciudadanos de Canadá.

No están allí para investigar la comida para perros. No están allí para vacacionar en Hong Kong. Buscan un tipo específico de información porque tienen necesidades específicas. Una página K bien construida llega al meollo del asunto.

Corta directo al grano

Una página K bien construida en un embudo de ventas de contenido aborda preguntas específicas. Por ejemplo, si alguien quiere inmigrar a Canadá, lo primero que quiere preguntar es: "¿Estoy calificado? ¿Tengo la educación adecuada para ello? ¿Tengo los antecedentes y la experiencia adecuados? "

Sus páginas deben configurarse basándose en estas preguntas. Hay excelentes recursos en línea que puede utilizar para encontrar estas preguntas. La más común, por supuesto, es la herramienta de planificación de palabras clave de Google AdWords. También puede utilizar una herramienta llamada asktheaudience.com.

Cualquiera que sea el caso, piense en organizar sus k páginas en torno a preguntas porque la gente trabaja con sus problemas en forma de preguntas.

Punto de inserción n. ° 5

Al organizar su contenido en torno a preguntas, facilita su promoción. Por favor, comprenda que la mente humana tiende a navegar y procesar información de dos formas: preguntas e historias.

Es mucho más fácil producir contenido basado en preguntas. Son cortos; están entrecortados; y son fáciles de procesar.

¿Por qué debería hacer las cosas de esta manera? Si presta atención a la forma en que usted mismo procesa la información de Internet en su dispositivo móvil, lo entendería claramente. ¿Cuándo fue la última vez que abrió la aplicación de Twitter en su dispositivo móvil y leyó todo con mucha atención? Probablemente nunca.

En cambio, la mayoría de la gente escanea. Básicamente, seguirían desplazándose hacia abajo en su línea de tiempo de Facebook y luego, si ven una palabra clave o una imagen, se detendrían. Así es como la gente procesa la información y, si me preguntas, esa es la única forma en que la gente puede procesar la información porque hay mucha información en Internet.

De hecho, según algunas estimaciones, cada día se crean más de dos millones de nuevas piezas de información. Esa es una cuenta alucinante. Entonces, la gente ha desarrollado mecanismos de afrontamiento y uno de ellos es simplemente escanear.

Al organizar su contenido en forma de preguntas o en torno a preguntas, facilita la lectura para las personas, ya que son fáciles de leer y más fáciles de promover. ¿Cómo?

La gente ya está haciendo preguntas relacionadas con sus cosas en Twitter, Quora y foros y una variedad de plataformas de redes sociales. Su trabajo es encontrar esos lugares y deslizar su contenido en las discusiones existentes. En otras palabras, si estás en un foro, probablemente no sea bueno para ti crear una discusión específica sobre lo que estás promocionando.

Créame, a la gente no le va a importar. Sin embargo, a la gente le importará cuando alguien ya haya hecho una pregunta y luego otras personas estén dando sus respuestas y luego ingreses y encuentres una respuesta mucho mejor y luego proporciones una versión simplificada de tu contenido y luego terminas con tu enlace. como una especie de fuente.

Así es como la gente te tomará en serio. Por supuesto, preste atención a lo que dije antes. Si va a visitar todos estos lugares, primero asegúrese de generar credibilidad y autoridad. No se limite a entrar, enviar spam y marcharse. Te prohibirán si haces eso.

Organice sus páginas basadas en preguntas en torno a temas

Así como las preguntas pueden pertenecer a una determinada categoría, puede crear artículos en torno a preguntas y luego organizar estos artículos en torno a una categoría. Esto no es solo un consejo de limpieza. Está haciendo esto para maximizar el valor de cada página.

No puede simplemente interconectarse diciendo que hay otra página en algún lugar de su sitio web. Debe organizar estos enlaces en función de preguntas o inquietudes y vincularlos en torno a ciertos temas que sabe que a los miembros de su audiencia les interesarían.

Haga que cada página cuente

No escribas contenido solo porque no tienes nada mejor que hacer. Cada palabra, cada párrafo, cada página debe tener un propósito. Ese propósito debería ser obvio para ti a estas alturas. Su propósito es empujar a las personas por el embudo de conversión.
Ya sea que esté utilizando un embudo de contenido o un embudo de conversión real, su trabajo con cada nuevo contenido es llevarlos al siguiente paso y la mejor manera de hacerlo es amplificar su deseo o respeto por su autoridad. Básicamente, los entusiasma con el siguiente paso.

Para poner esto en términos prácticos, comprenda que cuando las personas buscan una pregunta básica, generalmente tienen otra pregunta en el fondo de su mente. Por ejemplo, alguien va a su sitio web de pizzas porque tiene una página sobre cómo hornear una pizza Napoli. Entonces, su primera página presenta información sobre qué es una pizza Napoli y una receta básica. Muy claro

Sin embargo, llama a la gente a la acción con preguntas clave como cómo obtener las temperaturas de calor adecuadas para su pizza Napoli, cómo asegurarse de no quemar el fondo de su pizza. En otras palabras, comienza con información general que da pistas a las personas. Eso es lo que están buscando.

No obstante, una vez que lo entiendan, quedarán impresionados porque ahora está profundizando. Saben que una vez que comiencen a hacer su propia pizza Napoli, surgirán estos problemas.

Déjame decirte que cuando obtuve una receta de pizza en Internet y la hice, no era como las imágenes de Pinterest que vi en línea. Ni siquiera cerca. ¿Por qué? Porque no profundicé ni subí. No sabía sobre quemar la harina. No sabía cómo manipular la masa, así que no hay una porción pegajosa y cruda en el medio, ese tipo de cosas.

Eso es lo que la gente va a buscar porque ahora les ha dado información básica y luego les está dando pistas diciéndoles: "Bueno, hay otras cosas que necesitan saber y si no las hace, no obtendrá los resultados que busca.

Entonces, las personas que están realmente interesadas en el tema comenzarán a verlos y, básicamente, los está llamando a la acción para hacer clic cada vez más en las entrañas de su sitio web.

Compare esto con una interconexión básicamente aleatoria en la que va de una página a otra página normal, que puede no estar tan relacionada, no va a generar autoridad. La gente simplemente saldrá de esa página porque esa no es la información que están buscando.

Debe comenzar con una pregunta general y luego crear páginas subsidiarias que se basen en preguntas estrechamente relacionadas y esto mantiene el interés de la persona y luego amplifica su deseo de un producto o solución específica más adelante. Así es como se genera confianza y credibilidad al mismo tiempo.

Cuando hacen clic en estos enlaces, se encuentran cada vez más profundamente en su sitio web y se brindan más oportunidades para absorber realmente el conocimiento que les está brindando. El objetivo aquí es demostrarles que usted está suficientemente informado sobre su nicho.

Si puede hacer esto, entonces comienza a generar confianza. Entonces es más probable que les guste tu opinión sobre su problema.

Como dice el viejo refrán, una imagen vale más que mil palabras. Esto significa que si realmente desea maximizar la cantidad de autoridad y credibilidad que está construyendo en la mente de los miembros de su público objetivo, debe utilizar el poder de la multimedia.
Por supuesto, estoy hablando de videos, imágenes, diagramas, infografías, ¡lo que sea! Esto no solo hace que su contenido sea más fácil de leer, sino que también asegura que las personas no se aburran con su contenido. Por favor, comprenda que la mayoría de las personas ahora ven contenido en línea a través de dispositivos móviles.

No tienen todo el tiempo del mundo para seguir desplazándose mientras usted genera enormes bloques de texto. Es posible que desee dividir esos fragmentos de texto. Es posible que desee acortar esos fragmentos de texto y eliminar el aburrimiento mediante el uso de una imagen, un diagrama o un video.

Si hace esto, es más probable que los mantenga en la misma página y también aumenta la probabilidad de que hagan clic en un enlace para profundizar cada vez más en su sitio web.

Por favor, no interprete lo que acabo de decir en la sección anterior como una especie de carrera loca para apropiarse de la propiedad intelectual de otras personas. No puede simplemente sacar un video de YouTube e incrustarlo en su contenido simplemente porque está relacionado con el tema de su contenido. Eso podría llevarte a agua caliente.

Tienes que hacerlo de la manera correcta. Ya sea que esté utilizando infografías de Pinterest, videos de YouTube, fotos explicativas de Pinterest o Instagram, debe respetar los derechos de los propietarios o creadores de este contenido.

Sé que probablemente estés paranoico acerca de que tu sitio web se convierta en una especie de "fuga de tráfico". Entiendo de donde vienes. Trabajó duro para crear todo este contenido y obviamente trabajó duro para dirigir tráfico a su sitio. Sería una lástima que gran parte de ese tráfico se dirija a estos enlaces de terceros y nunca más vuelva a su sitio web. Créame, lo entiendo. Sin embargo, aquí hay algunas formas en las que puede hacer que estas preocupaciones desaparezcan.

Si le preocupa perder tráfico debido a sus enlaces de atribución, haga que esos enlaces abran una nueva pestaña.

De esta manera, cuando un visitante de su sitio web hace clic en ese enlace, se crea una nueva pestaña. Tu pestaña aún está abierta. No has perdido a esa persona. Pueden ver ese contenido, consultar el sitio web que creó la infografía que les interesa y, una vez que hayan terminado, pueden cerrarlo y volver a su sitio. Muy claro.

Este es el consejo más importante que puedo darte con respecto al contenido multimedia de terceros. Recuerde que está utilizando este contenido multimedia para hacer que su contenido sea más interesante. Lo está utilizando para agregar vida y contexto a su contenido.

Sin embargo, si no obtiene el contenido de las personas adecuadas, terminará promocionando a sus competidores. ¿Quién quiere hacer eso? Básicamente, estas personas están promocionando los mismos productos y servicios que usted. Simplemente les hiciste la vida más fácil. Estoy seguro de que ese no es tu objetivo, ¿verdad?

La mejor manera de hacer esto es mirar las diferentes infografías, videos y fotos explicativas y otros elementos multimedia que están estrechamente relacionados con su contenido y luego mirar sus fuentes. ¿Están compitiendo directamente con usted o son una especie de sitio de conocimiento general que básicamente es monetizado por AdSense o son una organización sin fines de lucro?

Si son los últimos, probablemente no sean competidores. No están promocionando un producto en particular. No están haciendo una venta dura. Entonces, usa su contenido y atribuye a ellos.

Si juega bien, creará una situación en la que todos ganen. Obtienen tráfico y notoriedad y usted obtiene contexto y entusiasmo por su contenido. Todos pueden ganar, pero debes jugar el juego de la manera correcta.

¿Qué es el tiempo de permanencia? El tiempo de permanencia es el término que utiliza Google para describir el tiempo que las personas pasan yendo de una página a otra en su sitio web. Los estudios muestran que cuanto más largo sea el tiempo de permanencia, mayor será la probabilidad de que la persona regrese, se registre en una lista de correo o incluso compre un producto.

En otras palabras, cuanto más tiempo mantenga a alguien en su sitio web leyendo artículos y otro contenido, mayor será la probabilidad de que pueda convertir a esa persona en billetes de un dólar. Esa es la conclusión.

Si desea obtener un tráfico más específico de los motores de búsqueda, maximice el tiempo de permanencia, ya que esto lo tiene en cuenta el algoritmo del cerebro de rango de Google cuando llega el momento de clasificar su sitio web. Cuanto mayor sea su tiempo de permanencia, mayor será su clasificación en Google.

Comprensión de las páginas L de su embudo de contenido

Mucha gente malinterpreta el papel de las páginas L

Las páginas L, por supuesto, significan páginas "me gusta". Estas son páginas destinadas a impulsar a las personas a que confíen en su marca lo suficiente como para comprarle. En otras palabras, estas páginas L asumen que cuando las personas hacen clic en ellas, saben lo suficiente sobre la información básica de su nicho.

No intentan responder preguntas generales.

Punto de inserción n. ° 9

Las páginas L no comparten información básica

Solo quiero que lo tengas claro. Cuando crea una página L, no le está diciendo al lector por qué está interesado en esta situación o por qué las personas están interesadas en este tipo de producto. Ellos no quieren eso. Eso es material introductorio.

Por ejemplo, si alguien está buscando hornear una pizza al estilo napolitano, primero va a una página K que le dice que la pizza al estilo napolitano proviene de Nápoles en Italia. Fue traído por inmigrantes italianos a los Estados Unidos. Es una forma de pizza muy sabrosa. Está hinchado, y así sucesivamente.

Cuando las personas acceden a una página L desde esa página K original, no quieren que se les diga la misma información. Ellos ya conocen el trasfondo. Ahora, quieren detalles como cómo no quemar demasiado su pizza Napoli, qué tipo de pieles están disponibles para producir la mejor pizza al estilo napolitano. Tú entiendes. Están buscando información más profunda, que eventualmente los llevaría a comprar un producto. Tienen necesidades más profundas en este momento.

No pierda su tiempo repitiendo conceptos básicos o introducciones. Simplemente erosiona su credibilidad y autoridad.

Cuando las personas llegan a una página L, debe asumir con seguridad que ya conocen las opciones categóricas disponibles para ellos.

Las páginas L tienen que ver con empujar a su cliente potencial a un tipo de categoría de producto sobre otra. En otras palabras, dado que un lector terminó en tu página L, ya cree que eres creíble hasta cierto punto. Ahora, son básicamente abiertos o susceptibles a que usted les sugiera una categoría amplia de soluciones en particular sobre otra.

En muchos casos, esto implica desengañarlos de creencias anteriores sobre otras opciones.

Recuerde que el objetivo de las páginas L es crear distinción en la mente del posible comprador. Antes de este punto, estaban en el nivel de la página K y básicamente decían: "Bueno, hay tantas opciones y son básicamente las mismas".

El trabajo de una página L bien escrita es decir: "No, no lo están". ¿Cómo presenta su caso? Puedes decir que hay diferentes niveles. Hay diferentes categorías. Hay diferentes tipos. Hay diferentes marcas. Hay diferentes productos.

Lo pones todo junto creando páginas L que las comparan. Entonces, con los diferentes niveles, los enumera. Dice "nivel superior", "nivel inferior" y luego explica por qué.

En términos de categorías, simplemente enfrenta categoría versus categoría. Diría que esta es una categoría particular de solución y esta es otra. Estas son debilidades y fortalezas, pros y contras, lo que sea.

Cuando se trata de tipos, simplemente coloque tipo versus tipo. Una vez más, explíqueles las ventajas y desventajas.

Lo mismo ocurre con marca versus marca y producto versus producto.

Las páginas L tienen que ver con las comparaciones. Se trata de contrastar diferentes opciones para resaltar en la mente de los posibles compradores por qué su opción particular es superior a todos los demás. La mejor forma de hacerlo es mediante algún tipo de modelo de comparación.

Estos adoptan muchas formas diferentes. Estos pueden ser comparaciones de productos en paralelo, comparaciones categóricas, guías categóricas para el consumidor con respecto a diferentes tipos amplios de productos, comparaciones marca por marca y otros tipos de comparaciones que permiten a los consumidores comparar y contrastar las diferentes opciones disponibles para ellos.

No puedo aconsejarle que simplemente junte algunas críticas y termine el día. Las personas que llegan a esas críticas no sabrían qué hacer con ellas. No los ha configurado correctamente. Es como intentar pedirle a una chica que se case contigo en el momento en que la conoces. Eso no tiene ningún sentido. Tienes que prepararla primero, ¿verdad?
Lo mismo se aplica a las páginas L. No se puede ir directamente a una comparación. Recuerde, provienen de páginas K, lo que básicamente establece su credibilidad. Por lo tanto, debe tener algún tipo de conjunto intermedio de páginas que destaque, en términos generales, las diferentes opciones que existen y por qué su clase de soluciones preferidas tiene más sentido en la vida de los miembros de su audiencia en perspectiva.

Primero tienes que calificar a las personas. Debe comprender que muchas personas pueden rebotar en su sitio web. Podrían pensar: "Esta no es la información que estoy buscando". ¡Y eso está bien! Para empezar, nunca fueron sus clientes.

De todos modos, no te iban a comprar. Lo importante es que te concentres en las personas sugestionables. Estas son personas a las que puede persuadir o influir de alguna manera para que eventualmente le compren.

Mucha gente piensa que si simplemente hacen una comparación de diferentes productos, de alguna manera, el posible comprador sabrá qué hacer. Bueno, lo más probable es que obtengan información de su cuadro de comparación y compren en otro lugar.

Esto les sucede todo el tiempo a los vendedores afiliados de Amazon. Es realmente triste que hagan todo el trabajo pesado e investiguen solo para terminar con un montón de nada porque sus clientes potenciales gastan el dinero que tanto les costó ganar en otro lugar.

No quieres que te pase eso. Por lo tanto, debe configurar sus comparaciones de una manera solapada. Básicamente, con solo mirar las comparaciones, queda muy claro en qué dirección los estás empujando.

¿Es esto deshonesto? Si. Pero no tiene por qué ser poco ético. Siempre que exponga los hechos, en última instancia, es la elección de los consumidores.

Se trata de jugar tu mano más fuerte

Vender cualquier cosa en línea y fuera de línea es como jugar al póquer. Quieres trabajar con tu mano más fuerte. Incluso el peor producto del mundo se puede colocar de tal manera que se pueda comprar. Y todo se reduce a resaltar su característica más fuerte.

Incluso la mujer más fea del planeta puede encontrar una cita si se posiciona correctamente. Quizás tenga un gran sentido del humor. Quizás mucha gente piense que es inteligente como un látigo. Eso es suficiente para muchos chicos.

Así que hazte un gran favor. Incluso si está vendiendo un producto a un perro, observe su punto más fuerte. Tal vez tenga un envío realmente económico. Quizás tiene una increíble infraestructura de soporte al cliente detrás. Busque su producto más fuerte y compare las diferentes opciones alternativas según su punto más fuerte.

Así como una mujer muy fea no se va a comparar con una supermodelo, no debes comparar tu producto con el asesino de su categoría. Eso no tiene ningún sentido. Debe posicionar el asesino de la categoría en función de su punto más débil, que resulta ser el punto más fuerte de su producto.

Así es como obtienes una venta. Así es como se mete en la cabeza incluso del consumidor más escéptico.

Llame al lector a la acción

Mucha gente piensa que las frases de llamado a la acción solo se aplican a las páginas de ventas. No tienen ni idea del hecho de que incluso las páginas de contenido deben tener una llamada a la acción. Debe comprender que si los consumidores no tienen claro cuál es la próxima acción que van a tomar, se puede confiar en que no harán nada.

Desafortunadamente, cuando hacen eso, no ponen dinero en su cuenta bancaria. No ve dólares adicionales en su cuenta bancaria en línea. Eso simplemente no va a suceder porque los visitantes de su sitio web están confundidos.

No saben qué hacer. No saben adónde ir. No saben qué pasos dar a continuación. Tienes que tomar la iniciativa por ellos. Tienes que deletrearlo. Suponga que todos los que terminan en su sitio web tienen una educación de octavo grado.

Mantenlo simple. Te sorprendería lo mucho que puedes empujar a las personas por el embudo de conversión de contenido hasta que las consigas comer de la palma de tus manos.

Asegúrese de que su embudo de contenido se integre bien con su embudo de conversión

Demasiados especialistas en marketing solo concentran todo su poder de fuego en sus páginas de conversión. Realmente no puedo decir que los culpo porque estas son sus páginas básicas. Estas páginas determinan si vas a ganar mil dólares al mes, cien dólares al mes o cien mil dólares al mes.

Aquí es donde ocurre la magia. Entiendo que. Pero el problema es que estas páginas no existen en el vacío. Son parte de un contexto más amplio que, en última instancia, gira en torno a su marca. Y si es tan pequeño que solo puede ver fragmentos de la imagen general, entonces solo tiene la culpa si no está ganando tanto dinero como hubiera esperado.

Esta es básicamente la razón por la que muchos especialistas en marketing en línea no pueden, durante su vida, ganar los miles de dólares que otras personas están ganando. No es porque sean tontos. Es porque se están enfocando en las cosas equivocadas.

Necesita un ajuste perfecto entre las páginas de información y las páginas de conversión.

Debe asegurarse de utilizar llamadas a la acción para llevar a las personas a donde necesita que vayan. Desafortunadamente, cuando los especialistas en marketing configuran las páginas K y L, se saltan las páginas T. Este es un error a menudo fatal.

Si alguien gana $ 5,000 al mes en su tienda en línea y cometió este error, puede apostar con seguridad que el ingreso real no realizado de esa persona es de $ 50,000 al mes. Se pierde mucho en la traducción porque omitieron una parte muy vital del contenido general de conversión de ventas y del proceso de conversión de ventas.

Estos no están vinculados correctamente. Piense en la plomería de su hogar. Si tiene una tubería defectuosa, independientemente de la cantidad de agua que ingrese a su casa, para cuando llegue al grifo, tendrá que conformarse con un goteo. ¿Viste cómo trabaja esto?

Lo mismo se aplica a las ventas.

No descuides tus páginas T

Las páginas T representan páginas de confianza. Estas son las páginas en las que las personas pasan de que les gusta una categoría particular de soluciones o incluso una colección de productos que está impulsando a confiar en un producto o solución de servicio específico.

La forma más común de T-Page es una página de revisión de producto individual

Al final del día, una vez que el prospecto ha pasado de la página K a la página L, básicamente tiene una muy buena idea de lo que hay disponible y está listo para decidir. Ahora, básicamente tienen la educación adecuada. Su página T debería ir directo al grano. Básicamente, debería decir: "Está bien, estas son las razones por las que debe confiar en este producto en particular".

Por favor, comprenda que todo lo que esté hablando en la página T debe relacionarse con lo que sucedió antes en la página L. Por lo tanto, si la página L convenció al lector de que el sello distintivo de un producto superior es 1-2-3, es mejor que su página T mencione 1-2-3.

Además de las páginas de revisión de productos individuales, otra forma común de una página T o Trust son las páginas de descripción del producto en los sitios de comercio electrónico. Esto es cuando las personas van a un catálogo en línea y hacen clic en el enlace del producto y luego ven el producto descrito, que es una página T.

La anatomía de las páginas T exitosas

Las páginas T exitosas realmente son de naturaleza psicológica. Debe recordar que la gente compra productos para obtener beneficios. No les importaban menos las características. Tal vez esté vendiendo una lavadora y tiene 5 modos, solo toma 10 kilovatios hora o lo que sea.

A los consumidores no les pueden importar menos las funciones. Se preocupan por los beneficios. Entiende la diferencia.

La diferencia entre características y beneficios

Las características son de naturaleza técnica. Se trata del tamaño de la pantalla, el brillo de la pantalla, cierta tecnología nueva. Los beneficios, por otro lado, son de naturaleza psicológica. Si alguien está comprando una lavadora, busca ahorrar tiempo. Buscan tener más control sobre su vida. Buscan pasar más tiempo con sus seres queridos.

Entonces, ¿cómo va a volver a empaquetar una función que ahorra tiempo, tiene un nombre elegante y agradable, en términos que su comprador final agradecería? Entonces habla de pasar más tiempo con sus hijos. Hablas de que él puede hacer más con menos dinero y vivir la vida al máximo.

Así es como funcionan los beneficios porque los beneficios, en última instancia, son de naturaleza personal. Recuerde, la mayoría de los consumidores estadounidenses no pueden preocuparse menos por las características o la jerga que se encuentran en sus páginas de ventas. Se preocupan por lo que es importante para ellos.

Recuerde, justo cuando se pregunta: "¿Qué gano yo con esto?" otras personas también se hacen esa pregunta. Todo es personal. Por lo tanto, debe expresar los beneficios que su producto aporta a la mesa en esos términos.

La esencia de las páginas T efectivas son las llamadas a la acción. Tienen diferentes formas pero la clave para ellos es el impacto emocional. Al elaborar un CTA (llamado a la acción), ate emocionalmente al lector con el beneficio que obtendrá si compra el producto o servicio.

Los diferentes tipos de llamadas a la acción

Ejemplo de llamada a la acción con disparadores
emocionales:
Lleve su vida al siguiente nivel ahorrando al menos un 80% en sus próximas vacaciones, haga clic aquí.

Ejemplo de llamadas a la acción que
involucran a la autoridad:
9 de cada 10 cirujanos plásticos confían en este producto

Llamada a la acción mediante el ejemplo de
prueba social:
Haga clic aquí para obtener la solución de computadora portátil número uno para profesionales de seguros

La clave de las llamadas a la acción es evitar simplemente decir "Haga clic aquí" o "Haga su pedido ahora". Cuando haces eso, pierdes impulso. En su lugar, amplifique el sentido de necesidad en la mente de su cliente potencial. Por favor, comprenda que una vez que llegan a una página donde hay un llamado a la acción, sus páginas de contenido o sus páginas de conversión ya han hecho la mayor parte del trabajo pesado. No lo desperdicie con solo decir "Ordene ahora". Conéctese a algún tipo de urgencia emocional.

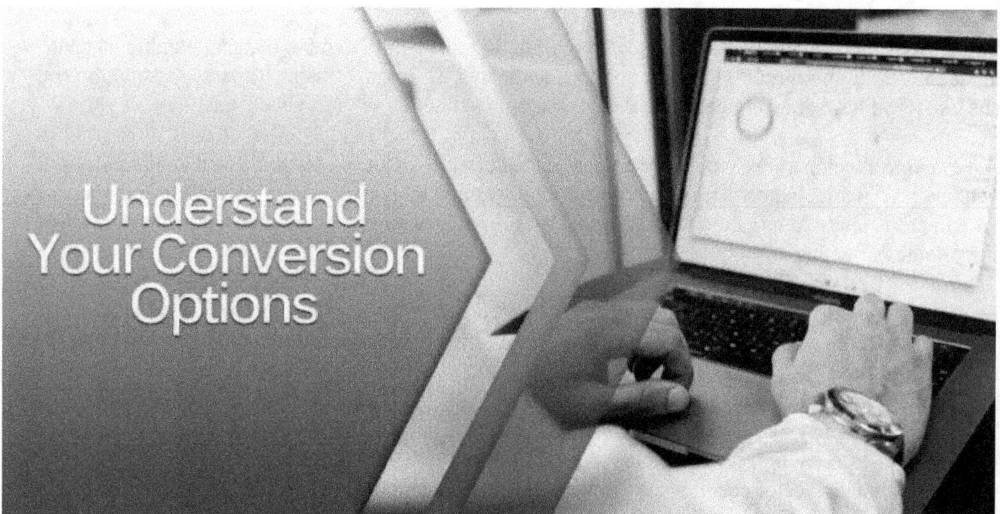

Comprenda sus opciones de conversión

Convertir el tráfico en línea en dólares no es tan sencillo como cree

Muchos especialistas en marketing novatos tienen la impresión de que siempre que compren tráfico y una cantidad suficiente de estos usuarios hagan clic en una página tras otra, eventualmente llegarán a una página de conversión, leerán algo que les guste y luego sacarán su tarjeta de crédito. Si las cosas fueran así de simples.

Créame. Si esa es su estrategia, probablemente se conformará con centavos de dólar, suponiendo que gane algún dinero. El mejor enfoque sería estudiar qué tipo de estrategia de conversión funciona mejor a la luz de lo que sea que esté tratando de vender.

Los diferentes productos y servicios necesitan diferentes estrategias de conversión

Muchos especialistas en marketing no tienen ni idea de esto porque piensan que solo hay un cortador de galletas o una solución única para convertir el interés en ventas. Aquí es donde se equivocan porque vender un sofá en línea es muy diferente a tratar de conseguir novios estadounidenses que busquen novias filipinas.

Estos son 2 conjuntos de necesidades totalmente diferentes y tienes que hablarles de manera diferente. En otras palabras, su estrategia debe ajustarse al resultado que busca. No existe una estrategia de conversión única para todos.

Diferentes estrategias de conversión

Si está vendiendo un artículo de alto precio, digamos un kit de conversión de IRA de oro que puede implicar cientos de miles de dólares, debe tomarlo con calma. Básicamente, necesita transmitir información por goteo a su audiencia para que puedan generar confianza durante un período prolongado de tiempo.

Y a medida que interactúan con tu contenido y ven tu contenido una y otra vez, ese nivel de confianza se profundiza hasta que pasan a la etapa similar y antes de que te des cuenta, llegan a la etapa de confianza y luego compran.

Por supuesto, esto no está garantizado. Esto no es un mate. Pero debe iniciar el proceso a la luz del valor en dólares de la transacción. Si está buscando a alguien para transferir su fondo de jubilación por valor de cientos de miles de dólares de un fondo a un fondo de oro del que está afiliado, debe invertir en un embudo largo que genere confianza durante un período de tiempo prolongado. .

Por otro lado, si está buscando una venta rápida, su embudo de conversión puede ser más corto. En otras palabras, básicamente puedes decirle al lector si van a enviar o salir del bote. Es bastante sencillo.

Por ejemplo, no es necesario crear una lista de correo para ciertos tipos de productos de un solo uso. Si las personas solo van a usar un producto una vez, lo quieren o no, porque si vas a crear una lista de correo que les envíe actualización tras actualización para intentar recordarles y acercarlos cada vez más a la al final de la conversión del embudo de contenido, es posible que no llegue allí.

Resulta que la razón por la que se incluyeron en tu lista en primer lugar es porque quieren tu obsequio o tu lead magnet.

Existen diferentes estrategias de conversión y cada una de ellas se manifiesta en diferentes embudos. Como mínimo, hay tres.

Solo página

Este modelo solo usa una página para convertir el tráfico. No importa si el tráfico es gratuito, orgánico o de pago. Esta estrategia de conversión solo usa una página para convertir al visitante.

Preste atención al motor de cómo se configuran las páginas de ventas. Son bastante inteligentes. Comenzarían con un encabezado que llamara la atención y luego intentarían arrastrar al lector hacia abajo en la página. Utilizarían todo tipo de trucos para generar credibilidad y avivar la demanda de su producto que está siendo promovido. Utilizarían testimonios. Usarían gráficos elegantes.

Cualquiera que sea el caso, la idea es que cuando una persona logra leer toda esa página, otras personas no lo logran. En otras palabras, esa página actuó como un embudo. Básicamente, filtraba a personas que en realidad no eran tan serias.

Por lo general, las personas que realmente quieren tus cosas o que podrían verse influenciadas para comprar tus cosas lo logran hasta el final. Así es como debe configurar su página de conversión.

El modelo de página de contenido más ventas utiliza una variedad de contenido utilizando el proceso KLT y una vez que las personas terminan en las páginas de contenido T, son empujadas a la página de conversión. En términos generales, las páginas de ventas que están vinculadas a una serie de páginas de contenido o un embudo de contenido tienden a ser más cortas. ¿Por qué?

La mayor parte del trabajo pesado ya está hecho por las páginas de T-content. Al descargarlos en una página de ventas de tipo solo página, es posible que termine contradizcándose a sí mismo o perdiendo la atención de su comprador potencial. Como mínimo, corre el riesgo de perder impulso, así que no lo haga.

Esto es más o menos lo mismo que la categoría anterior, pero en lugar de la página de ventas, conduce a una página de captura de correo electrónico.

Su oferta de productos o servicios también determina los incentivos de su lista de correo

Como mencioné anteriormente, no es necesario crear una lista de correo para todos los embudos de ventas. Olvídese de lo que le dicen otros gurús del marketing autoproclamados. Algunas personas siempre te dirán que necesitas crear una lista de correo.

Bueno, si su producto es muy específico y se usa una sola vez, puede arreglárselas con solo un argumento de venta. No es necesario que obtenga una página de ventas que esté conectada a una red de páginas de contenido. Todo depende tanto de tu audiencia como del producto o servicio que estás promocionando.

Optimización de sus embudos

Optimización de sus embudos de conversión

Los embudos de conversión difieren bastante. Algunos solo están hechos a partir de una página de ventas. Otros involucran diferentes páginas de ventas que se conectan entre sí. Incluso otros usan una lista de correo. Tienes que optimizar cada uno de estos de manera diferente

Comience con elementos

Cuando optimiza una página de ventas de conversión, es muy tentador cambiar todo y esperar lo mejor. Te lo digo, esa estrategia no es una estrategia en absoluto porque incluso si tienes éxito, no sabes qué cambio representó tu éxito.

¿Qué pasa si puedes modificar otros elementos para obtener mejores resultados? Desafortunadamente, si acaba de cambiar todo, no sabe qué cambio realmente representó la mejora drástica en sus resultados.

Explicación de la optimización elemento por elemento

La optimización de la página de conversión elemento por elemento realmente se reduce a dividir y dividir cada página de conversión en diferentes elementos y conectarlos a un sistema de prueba sistemático y ordenado. Por ejemplo, los gráficos son elementos. El encabezado o el texto son elementos. El texto del cuerpo de ventas real son elementos. Lo mismo ocurre con las llamadas a la acción.

La clave del éxito aquí es optimizar cada elemento de uno en uno. No salte de un elemento a otro. Para cada elemento, cree variaciones, ejecute su prueba de tráfico y, si ve un ganador, haga variaciones de eso. Vea si alguna de las variaciones obtiene mejores resultados que la primera variación.

Sigue repitiendo este proceso evolutivo hasta que llegues a un punto en el que ya no puedas optimizar tu elemento. En otras palabras, no puede obtener más mejoras en las conversiones. Una vez que eso sucede, cambia al siguiente elemento y lo optimiza también.

Siga repitiendo este proceso hasta que termine con una página de ventas o una serie de páginas de ventas que se conviertan en su máximo potencial. También puede utilizar la misma estrategia para su lista de correo. Puede optimizar su página de compresión y puede utilizar la misma estrategia para las actualizaciones de su lista de correo.

Optimización de su embudo de contenido

También debe optimizar su embudo de contenido al igual que su embudo de conversión. No es tan malo como crees. Realmente todo se reduce a tus estadísticas. Por cada 10 piezas de contenido que publique en su blog, solo una de ellas representará la gran mayoría del tráfico que obtenga.

Identifique el tema de ese contenido exitoso y publique más sobre ese tema. Crea variaciones. Si nota una trayectoria ascendente del tráfico que está recibiendo, significa que está en el camino correcto. Significa que estás hablando de los temas correctos.

Siga explorando diferentes subtemas para que pueda seguir aumentando el tráfico orgánico que su blog o sitio web atrae del resto de Internet.

Optimice cómo su embudo de contenido se conecta a su embudo de conversión

Observe la serie de páginas por las que pasa la gente mientras navega por su sitio web. ¿Notas que un determinado camino es más popular que el resto? Lea cada página en esa ruta y vea si puede recrear esa ruta para nuevas piezas de contenido.

Si llega al punto en el que puede repetir el mismo éxito, conviértalo en la ruta predeterminada para todo el contenido de su blog. Esto no es algo que suceda de la noche a la mañana. Requiere una enorme cantidad de tráfico.

También requiere bastante paciencia. Pero la buena noticia es que si puede hacer esto, puede maximizar el tiempo de permanencia y también impulsar las conversiones generales porque está conectando una mayor parte de su tráfico a sus páginas de conversión.

Esto es crucial, especialmente si no está pagando por el tráfico en Facebook y Google.

Conclusión

Hazlo ahora en serio. Sé que muchas personas tienen la impresión de que expandirán su negocio o crearán embudos de ventas y contenido cuando sea el momento adecuado.

Aquí está el problema. El momento nunca será el adecuado. Si está seguro de que quiere hacer esto, decida hacerlo ahora. Comprométete a ello.

Si va a confiar en si se siente bien o no, tendrá que esperar mucho tiempo. Antes de que te des cuenta, vas a comprar un producto tras otro y terminarás sin mover un dedo para convertir los negocios de los que hablan esos productos en una realidad para ti.

Lea cada capítulo detenidamente

Sé que, en este punto, estás muy animado. Probablemente quieras saltar con ambos pies, pero hazte un gran favor. Lea cada capítulo con atención. Comprenda lo que está involucrado. Preste atención a cómo funciona cada paso entre sí para no cometer un error.

Recuerde que está construyendo un negocio. Esto significa que debe configurar las cosas correctamente la primera vez y luego optimizar. No se pueden hacer las cosas a medias. No puedes simplemente construirlo y luego retroceder.

Trate de hacer las cosas bien al principio para que pueda comenzar a producir resultados y permanecer motivado para seguir optimizando su negocio.

Tener fe

Finalmente, debes tener fe en ti mismo. Tienes que entender que la gente ha estado haciendo las cosas de las que estoy hablando en este libro durante mucho tiempo. Están ganando mucho dinero. Si ellos pueden hacerlo, ¿por qué tú no?

Por favor, comprenda que no es muy diferente de otras personas. Claro, es posible que no tenga un presupuesto, pero tiene mucho tiempo. Claro, es posible que no tenga un conocimiento profundo, pero tiene su sentido de la curiosidad y la emoción. Cualquiera que sea el caso, deje de poner excusas para retrasarse y comience a tomar medidas hoy mismo.

Artículos

Aquí hay algunos artículos breves que se dan como "alimento para el pensamiento".

Los embudos de ventas no son lo mismo que los embudos de contenido

¿Está pasando por un momento difícil con su embudo de ventas? Lo más probable es que haya configurado su sitio web de manera incorrecta o probablemente solo esté escribiendo en un blog o publicando contenido con la esperanza de que de alguna manera, de alguna manera, alguien haga clic en un enlace que de alguna manera, de alguna manera, pondría dólares en sus bolsillos.

Desafortunadamente, toda la mentalidad de "de alguna manera, de alguna manera" no va a conducir a la riqueza. Si realmente quiere ganar dinero con Internet, debe prestar mucha atención a la construcción de embudos. El problema es que mucha gente está confundida en cuanto al tipo de embudos que deberían estar construyendo. Se pusieron en esa situación porque no lo hicieron de manera sistemática y metódica.

Explicación de los embudos de contenido

Los embudos de contenido tienen que ver con convertir el tráfico que busca ciertos tipos de contenido y filtrar a esas personas de una manera que eventualmente se convertirá en compradores. Los fanáticos del contenido tienen que ver con construir credibilidad y autoridad. Cuando los conectas a un embudo de contenido, sus preguntas son respondidas y, antes de que te des cuenta, generan más y más confianza en lo que sea que estés promocionando.

Esto puede conducir a miembros de la lista de correo electrónico que luego puede convertir más tarde a través de una actualización futura. Esto también puede conducir a ventas reales en ese mismo momento. Combine esto simplemente extrayendo tráfico de Internet soltando enlaces o comprando tráfico y luego la gente verá una página de ventas, se dará cuenta de que no está interesada y luego rebotará. Realmente no hay muchas oportunidades para generar credibilidad. Es muy importante comprender que los embudos de ventas son muy diferentes de los embudos de contenido.

Construyendo embudos de ventas adecuados

De hecho, puede crear un embudo de ventas completo en una página. Esto se llama página de conversión.

Usted compra tráfico u obtiene tráfico orgánico y la gente entra y lee la página. Cuanto más leen la página, más detalles encuentran y responden preguntas y más pueden generar confianza. Eventualmente, la persona que lee la parte inferior de la página es la que probablemente haga clic en el botón ordenar ahora. ¿Qué les pasa a todos los demás? Rebotan.

Después de leer el contenido de la página de ventas, se dan cuenta de que probablemente no estén interesados o que la propuesta de valor del producto que estás promocionando no les atrae realmente. Entonces, la página de conversión hizo su trabajo. Filtraba a la gente. Los embudos de contenido, por otro lado, califican a los prospectos durante un período de tiempo prolongado.

Los embudos de contenido son poderosos porque pueden generar confianza rápidamente en la mente del visitante. Casi todos los que se encuentran en su sitio están buscando respuestas. Tienen ciertas preguntas que quieren que se les responda.

Cuando obtengan respuestas a sus preguntas iniciales, la mayoría querrá rebotar. Pero si tiene otro contenido en sus páginas que responde a otras preguntas que puedan tener o, mejor aún, necesidades profundas que puedan tener, tiene la oportunidad de introducirlos más profundamente en su sitio e impresionarlos aún más.

Cuanto más se adentren en su sitio, es más probable que se unan a su lista de correo o hagan clic en un anuncio. Si se configuran correctamente, los embudos de contenido generan suficiente confianza para que los consumidores quieran hacer clic en un embudo de ventas de conversión real.

Comprenda que estos embudos son bastante diferentes entre sí. No confunda los dos.

Para descubrir cómo configurar los embudos correctos y optimizarlos para obtener las máximas ganancias, haga clic aquí.

La verdadera razón por la que la gente confunde los embudos de ventas con los embudos de contenido es por la terminología. El "embudo de ventas" se puede aplicar a las listas de distribución. Puede aplicarse a las redes sociales. Se puede aplicar a campañas pagas y muchos otros canales de contenido que tienen capacidades de generación de confianza.

Desafortunadamente, es demasiado fácil confundir la forma con la función y terminar con una visión confusa de qué tipo de resultado buscar.

Vuelve a lo básico

Debe comprender que la idea detrás de los embudos de ventas es convertir el tráfico y conectarlo a un sistema para separar a las personas que no están interesadas de las personas que sí lo están. Y cuando identifica a las personas que están interesadas, las empuja a un nivel más bajo que aumenta su demanda o disposición a comprar.

Suena bastante simple y básico, ¿no?

El problema es que cuando los especialistas en marketing se encuentran con esta forma de embudo de ventas, automáticamente asumen que la publicación de contenido que filtra a las personas funciona exactamente de la misma manera. Los embudos de contenido son diferentes de los embudos de ventas.

Los embudos de contenido se pueden conectar a los embudos de ventas, pero los embudos de contenido necesitan y exigen atención por sí mismos. Cuando esté configurando un embudo de contenido para el sitio web de su raza de perro, recuerde cuál es su objetivo final.

Su objetivo no es crear un hogar en línea para las personas que buscan cualquier cosa relacionada con las razas de perros. Eso es bueno de lograr, pero tienes que profundizar varios niveles. Tu objetivo es vender suministros para perros. Esto es lo que le da su pan y mantequilla.

Debe configurar su contenido de tal manera que eventualmente pueda hacer que las personas compren esos suministros para perros. De lo contrario, solo perderá mucho tiempo publicando contenido que no tiene ninguna posibilidad de convertir el tráfico de su sitio en ingresos.

Usar la estructura de contenido correcta es la clave del éxito

Por lo tanto, comienza con preguntas que harán las personas que buscan suministros para perros y luego las dirige a una página de comparación de muchas opciones diferentes disponibles para que pueda hacer que la categoría de producto que realmente está promocionando se destaque. A partir de ahí, puede comenzar a concentrarse en productos específicos.

Tienes que generar confianza.

¿Cuándo fue la última vez que le compraste algo a un completo extraño? Supongo que la respuesta nunca sería. Si esa es su respuesta, usted es absolutamente normal y promedio porque la mayoría de la gente no gastaría el dinero que tanto le ha costado ganar en alguien que no conoce. Se trata de generar confianza y debe configurar su embudo de contenido de tal manera que genere una confianza cada vez más sólida hasta que finalmente, estén listos para confiar en usted con su dinero duramente ganado. Esto puede tomar la forma de una página de revisión, puede conectar su embudo de contenido a una página de ventas. Hay muchas formas de hacer esto. Desafortunadamente, la gente confunde estos dos, así que en lugar de generar confianza, básicamente están repitiendo la misma información. Cuanto más repita la información, menos eficaz se vuelve su mensaje. No confunda los dos tipos de embudos.

Optimizar un embudo de contenido es muy diferente a optimizar un embudo de ventas.

En cierto nivel, optimizar un embudo de contenido y optimizar un embudo de ventas son bastante similares. Ambos usan texto para filtrar a las personas que están interesadas en un producto o servicio de las personas que simplemente buscan curiosidad o patean neumáticos. Ambos pueden utilizar enfoques de varias páginas para transmitir su mensaje. Ambos podrían incluso usar una lista de correo como un valioso complemento persuasivo. Obviamente, ambos recuperan elementos multimedia como diagramas, imágenes, fotos, videos, infografías y otros para ganarse la confianza del espectador.

Aún así, a pesar de su aparentemente larga lista de similitudes, no son lo mismo.

Los especialistas en marketing que confunden a los dos terminan perdiendo dinero. Como mínimo, incluso en los mejores escenarios, terminan conformándose con centavos por dólar.

Debe ser consciente de la diferencia clave entre estos dos embudos para poder usar el embudo correcto para lograr el resultado que está buscando. De lo contrario, se encontrará constantemente ladrando al árbol equivocado.

El problema es que un embudo de contenido tiene una forma de éxito diferente a un embudo de ventas.

El éxito de un embudo de ventas es muy fácil de determinar y medir. Todo se reduce a las ventas. ¿Obtuviste la venta o no? ¿Si no, porque no? Hay una cualidad en blanco y negro para cortar y dividir la efectividad de un embudo de ventas. Se trata de conversiones.

Por otro lado, optimizar un embudo de contenido es un poco más complicado porque recuerde que el embudo de contenido es lo que sucede antes del embudo de ventas o el proceso de conversión. Así es como se supone que funciona. Tienes que mirar los embudos de contenido en sus propios términos. Este es el proceso que utilizo para optimizar el éxito de mi embudo de contenido.

Preste mucha atención a sus estadísticas

Preste mucha atención a las estadísticas de su sitio web, verá qué páginas son las páginas de entrada número uno. Estas son las páginas que más utilizan las personas para acceder a su sitio web. Estas páginas tienen un tema determinado. Obviamente, la mayoría de su tráfico piensa que estos temas son lo suficientemente interesantes como para querer buscar y hacer clic en páginas que se centran en esos temas.

Averigüe qué funciona y cree más páginas de este tipo. Pero antes de hacerlo, lea la sección a continuación.

Preste atención a dónde conducen esas páginas principales. Notarás que hay un camino que usan la mayoría de tus visitantes. Tu trabajo es replicar ese camino.

Al hacer esto, amplifica la autoridad que está creando en la mente del lector. Si nota que algunos se quedan a mitad de camino pero luego rebotan, intente averiguar qué estaban haciendo en esas páginas y repítalo con otras rutas.

Este proceso también requiere un pensamiento crítico y analítico. No asumas nada. Busque conectar los puntos. Busque patrones consistentes durante un período de tiempo prolongado. Para obtener una fórmula ganadora sobre cómo optimizar sus embudos de ventas y contenido como un profesional, haga clic aquí.

Las personas pierden la noción de para qué se están convirtiendo y es por eso que luchan

Algunas personas piensan que solo necesitan copiar y pegar lo que otra persona está haciendo y terminarán produciendo los mismos resultados. Hay toneladas de "Ofertas especiales de guerreros" que hacen esta afirmación. No crea el bombo.

Vayamos directamente al grano: el hecho de que alguien publique bonitas capturas de pantalla de resultados sorprendentes no significa que le esté mostrando la imagen completa. ¿Quién sabe qué hicieron realmente para producir esos números? Fuera de las estafas rotundas en las que los promotores publican estadísticas falsas o manipuladas (¡estas son más frecuentes de lo que la mayoría de la gente piensa!), No se puede dar demasiado peso a las declaraciones de ingresos en línea porque no conoce el contexto de esos números increíbles.

¿Quizás compraron tráfico muy caro? ¿Quizás tengan acceso al tráfico de registro cruzado? ¿Quizás tienen altas tasas de reembolso o contracargo? Hay tantas preguntas sin respuesta sobre esas estadísticas optimistas.

Lo que hace que esos comentarios sean especialmente peligrosos es cuando te entusiasman con las estadísticas que supuestamente conducen a conversiones: visitas a la página, clics en anuncios, tiempo de permanencia, total de páginas vistas, etc. Y continúan sufriendo.

Solía pensar de esa manera. Las cosas empezaron a cambiar para mí cuando me concentré en una cosa clave: recordar que las conversiones son ventas.

Las conversiones miden si ganó dinero o no. Estuche simple para abrir y cerrar en blanco y negro.

El problema es que es muy fácil confundirse con todos los procesos intermedios que tienen que suceder antes de que los dólares aparezcan en su cuenta bancaria. Al principio, estaba muy emocionado por la cantidad de personas que se presentaron en mi sitio.

Estaba realmente extasiado un día y pude romper la marca de 5,000 visitantes. No gané ni un centavo ese día, pero no importó porque 5,000 personas se presentaron en mi sitio. La métrica a la que debería haber prestado atención fue mi tasa de rebote. Cuando me puse a actuar, verifiqué mis estadísticas y miré mi tasa de rebote, era del 98%.

En otras palabras, de esas 5,000 personas que aparecieron en mi sitio web, solo una pequeña fracción incluso se molestó en revisar mis páginas internas. No fue una sorpresa que no ganara dinero.

Lo que me pasó es una historia muy familiar. No estoy solo porque cuando las personas pierden la noción de aquello para lo que realmente se están convirtiendo, luchan. En cambio, concéntrate en el premio.

¿Cuál es el premio? Es la cantidad de dinero que está ganando con sus sitios de forma pasiva. Ese es el nombre del juego. En lo que a ti debería preocuparte, cualquier otra cosa es solo ruido. No se deje desviar por "métricas de éxito alternativas". Concéntrese en el resultado final.

Comprenda lo que está haciendo. Estás tratando de generar ingresos pasivos. Estás intentando construir algo una vez y ganar dinero muchas veces. Pero para que todo eso suceda, debes concentrarte en las conversiones. Para lograr un gran avance en la obtención de ingresos en línea, al aprender cómo optimizar correctamente sus embudos, haga clic aquí.

¿Por qué la mentalidad de "constrúyelo y ellos vendrán" es tan prevalente y fatal?

¿Has escuchado la frase "constrúyelo y vendrán"? La verdad es que muchas personas creen esto y por eso luchan. Esta mentalidad ha matado a tantos sueños emprendedores en línea que es una gran tragedia.

¿Cómo conduce esta mentalidad al desastre? Aquí está la línea de tiempo típica: puede estar realmente entusiasmado con un nuevo concepto, puede pensar que su sitio web es lo mejor que puede surgir. El hecho de que esté entusiasmado con un tema en particular no significa necesariamente que el resto del mundo también estará emocionado.

Si resulta que hay una gran desconexión entre su entusiasmo personal y su proyecto y la demanda real de las cosas que está promocionando, ¿qué cree que sucederá? Un puñado de nada. Planteo este tema porque mucha gente cree en "constrúyelo y ellos vendrán".

Simplemente están envueltos personalmente en su 'visión' y no la examinan ni la prueban por completo. Al final del día, es la demanda del mercado la que determinará si su proyecto es un éxito o un fracaso. No es tu entusiasmo. No es tu 'visión' personal. Demasiados empresarios están ciegos a esto.

¿La línea de fondo? Tienes que construir lo correcto.

¿Cómo solucionas este problema? Aléjese de la imagen y concéntrese en otras personas. Busque demanda. Únase a tantos grupos y páginas de Facebook como sea posible, vaya a reddit y suscríbase a tantos temas de sub-reddit como sea posible, vaya a Quora y observe detenidamente las preguntas y patrones que aparecen.

Después de hacer esta investigación y filtrarla a través de la herramienta Planificador de palabras clave de Google, obtendrá algunos patrones básicos. Cuando la gente habla de temas, en algún nivel, esto refleja la demanda. Observe los niveles de demanda y haga una referencia cruzada con los productos comerciales potenciales.

Si las personas están hablando de someterse a ciertos tipos de cirugía plástica y hay patrones de tráfico favorables con respecto a los términos relacionados con ese procedimiento, puede buscar sitios web de referencia de cirugía plástica que paguen una comisión de afiliación. Luego, puede crear contenido que responda a esas preguntas relacionadas con la cirugía plástica y luego convertirlas en páginas de conversión para el sitio de referencia al que se refiere.

Básicamente, comienza con la demanda existente, crea contenido en torno a la demanda y luego convierte el tráfico impulsado por la demanda. Así es como juegas.

Cuando te suscribes a la mentalidad "constrúyelo y ellos vendrán", básicamente le estás diciendo al mundo que eres un super genio que conoces las tendencias y tienes estas visiones de temas y productos candentes que la gente simplemente tiene que ver. escucharte.

Lo más probable es que la gente diga "¿de qué diablos estás hablando?" O "No me interesa lo que tienes que decir". Para construir un negocio sólido que esté completamente libre de la mentalidad de "constrúyalo y ellos vendrán", haga clic aquí.

Durante mucho tiempo, los vendedores tuvieron la impresión de que básicamente pueden convertir a cualquiera. En otras palabras, si una persona entró por la puerta, existe la posibilidad de que si el vendedor era lo suficientemente hábil y conocía su oficio lo suficiente, pueda convertir a ese cliente en dólares y centavos.

Ahora, todos sabemos que esto no es cierto. Puede entrar a una tienda por diversas razones. Tal vez solo le guste la pantalla, pero realmente no tiene intención de comprar nada. Quizás te trajo un amigo. Quizás alguien te dijo que hay algo interesante en la tienda.

Pero si miras todos estos casos, ninguno de ellos tenía el ingrediente mágico que se traduciría en una venta. Por supuesto, estoy hablando de un interés real en lo que sea que venda la tienda. Aquí es donde falla el arte de vender clásico.

Y, lamentablemente, en Internet, los especialistas en marketing están cometiendo el mismo error. Piensan que el tráfico es tráfico, y sin importar de dónde venga, e independientemente del contexto inicial en el que generen tráfico, tienen una buena oportunidad de convertir a esos visitantes en ventas.

Habla sobre perder tu tiempo. Existe la precalificación. Resulta que esta es la clave de las ventas. Tienes que saber de dónde viene la gente. Tienes que configurar las cosas de tal manera que cuando las personas entren, estén predispuestas a escucharte y, finalmente, a comprarte.

Mucho de esto tiene que ver con su procedencia. Lo mejor de Internet es que es más fácil precalificar a las personas. ¿Cómo? Bueno, digámoslo de esta manera: si vende zapatos de bebé, ¿de dónde cree que vendría su tráfico objetivo ideal? Grupos de Facebook de zapatos de bebé, páginas de Facebook de zapatos de bebé, foros en línea de zapatos de bebé y tableros de mensajes, y por supuesto, hashtags de zapatos de bebé en Instagram.

En otras palabras, cuando recibe tráfico de lugares donde la gente ya está hablando de temas estrechamente relacionados o directamente relacionados con lo que vende, sus posibilidades de éxito aumentan drásticamente. Pero si dedica todo su tiempo y esfuerzo a tratar de atraer tráfico aleatorio de todo Internet, lo va a pasar muy mal.

Mucho de esto es segmentación por intereses. Una gran parte también es la orientación geográfica. Digámoslo de esta manera: si dedica mucho tiempo a promocionar su producto de alto precio en los países en desarrollo, es posible que pueda atraer a personas que realmente quieran comprar su producto.

El problema es la capacidad. Están dispuestos a comprar, pero no pueden comprar porque no tienen dinero. Entonces, la clave para el arte de vender moderno, en lo que respecta a las conversiones en línea, es la precalificación. Tienen que venir de los lugares correctos.

También tienen que provenir de lugares que indiquen un alto nivel de interés preexistente en lo que sea que esté promocionando. Estos dos factores deben estar presentes. De lo contrario, tendrá dificultades para convertir ese tráfico en dólares y centavos.

Por lo menos, se conformará con centavos. En el peor de los casos, no va a ganar dinero en absoluto. Para aprender cómo construir un sistema efectivo que precalifica y convierte su tráfico en línea en grandes días de pago, haga clic aquí.

La idea de la precalificación es muy sencilla. Si iba a ganar dinero con su tráfico en línea, es mejor que provengan de lugares poblados por personas que ya están interesadas en lo que sea que esté promocionando.

Esto es bastante sencillo. Si vende zapatos, por ejemplo, no querrá publicitar en lugares donde la gente busca alimento para el ganado. A esas personas realmente no les importaría lo que vendes.

Estoy seguro de que una fracción muy pequeña de esas personas está realmente en el mercado de zapatos, pero su principal preocupación es la alimentación del ganado. Por eso van a esos lugares. Por eso participan en debates y foros en línea, etc.

La idea de la precalificación en realidad facilita el trabajo de los especialistas en marketing porque es el foro o la ubicación lo que indica una cierta tendencia a estar interesado en un tema en particular. Su trabajo como especialista en marketing es simplemente encontrar estos lugares que ya están alineados con el nicho, la categoría o el tema de lo que sea que esté promocionando. Es realmente así de simple. Se trata de encontrar la combinación adecuada.

Desafortunadamente, es muy fácil quedar atrapado en el volumen de tráfico, la proporción de clics y las visitas a la página, y todo eso. No estoy diciendo que esas métricas no tengan absolutamente ningún lugar en el marketing, pero son esencialmente medios para un fin, pero solo debe comenzar a preocuparse por ellas una vez que haya establecido algún tipo de precalificación.

La precalificación es el nombre del juego, si lo piensa, porque filtra a las personas que ingresan a su sitio web en función de sus intereses. Digámoslo de otra manera: si su sitio web atrae a personas que no están interesadas en absoluto en lo que tiene que decir, entonces no importa cuánto optimice la tasa de clics, las visitas a la página y otras métricas de éxito, al final del día, no va a ganar con la métrica de éxito que es lo único que realmente cuenta. Por supuesto, estoy hablando de conversiones.

La forma de precalificar su tráfico para ganar más dinero en línea es bastante sencilla; comience con la conversión. En otras palabras, comience con una vista panorámica. ¿Cuál es el resultado que busca? Y luego retroceda desde allí. Esto le permitirá crear un mapa sobre en qué lugar de Internet va a crear una presencia y cómo va a tratar con las personas para precalificarlas.

Con la precalificación como guía, es más probable que encuentre las zonas adecuadas de tráfico existente en Internet. Como mínimo, si está gastando dinero en una campaña publicitaria pagada, tendría un buen perfil inicial de las personas que son los consumidores más probables de su producto.

De lo contrario, solo perderá el tiempo. Claro, de vez en cuando, algunas personas pueden tener éxito, pero eso es como comprar un boleto de lotería. No puede basar su negocio en tener suerte. Para aprender a crear una forma sistemática y metódica de precalificar su tráfico, de modo que pueda ganar mucho dinero con Internet, haga clic aquí.

Probablemente hayas visto embudos de ventas antes. Probablemente hayas pasado por un embudo de ventas y ni siquiera lo sabías. La verdad es que los embudos de ventas eficaces funcionan de forma encubierta. No parecen embudos de ventas.

No parece que se comporten como embudos de ventas, pero créame, una vez que saca su tarjeta de crédito, ingresa la información de su tarjeta de crédito en un formulario en línea y realiza una compra, acaba de pasar por uno efectivo.

Así de increíbles son los embudos de ventas. Si estuvieran bien organizados, pueden ayudarlo a ganar dinero con el tráfico en línea. La mejor parte es que a sus clientes no les importa. De hecho, te entregarían ansiosamente su dinero porque pueden ver a medida que pasan por tu embudo de ventas, pero estás entregando el valor por el que vinieron.

Por favor, comprenda que si coloca sus materiales de marketing frente a los ojos correctos, la gente estará ansiosa por hacer negocios con usted. ¿Cómo? Buscan una solución a sus problemas. Deja en claro que tiene esa solución y que su solución se compara mucho mejor que todas las demás opciones del mercado.

Dado que pueden ver la superioridad de su oferta, hacen el movimiento. Es una situación en la que todos ganan. Ellos pueden resolver su problema, usted puede ganar dinero. ¿Qué no se podría amar? Esa es realmente la esencia de los embudos de ventas efectivos.

Pero tú y yo sabemos que no es tan simple. No es sencillo precisamente porque muchos especialistas en marketing no precalifican su tráfico. Tienes que entender que el hecho de que alguien esté de alguna manera interesado en lo que tienes que decir no significa necesariamente que esa persona esté lista, dispuesta y deseosa de comprar aquí y ahora.

Tienes que filtrar a esa persona. Si esa persona está pensando en comprar tal vez el próximo año, entonces esa persona tiene que ser filtrada por su sistema. No puedes dejar que esa persona vaya hasta la página de ventas porque no te hará ningún favor. Simplemente van a rebotar. Perdiste todo ese tiempo, esfuerzo y energía creando este sistema que atrae los ojos equivocados.

Un embudo de ventas eficaz precalifica a las personas desde el principio. O están interesados en su categoría de producto o no. O están interesados en una línea particular de soluciones o no. O están interesados en un producto en particular o no. O están interesados en comprarle ese producto en particular, o no lo están.

Esos son los pasos de un embudo de ventas eficaz, y estos mensajes deben combinarse de la manera correcta. De lo contrario, se perderán muchas cosas en la traducción. Además, van a caer muchas cosas entre las grietas. Lo que hace que los embudos de ventas efectivos sean efectivos es precisamente porque se han optimizado durante un período de tiempo prolongado.

Aquí es donde fallan muchos especialistas en marketing. Piensan que solo necesitan armar un embudo de ventas atractivo y dar por terminado el día. No, en realidad es solo el comienzo de tu viaje. Así que hazte un gran favor. Si está buscando armar un embudo de ventas efectivo, que precalificará y filtrará su tráfico para obtener la máxima conversión de ventas, haga clic aquí.

La gente odia que la engañen. ¿Cuándo fue la última vez que alguien te engañó? No se sintió bien, ¿verdad? No fue exactamente una experiencia feliz. Y cuanto más se hacen estos trucos, más cansados se vuelven los consumidores.

Siempre están pensando para sí mismos: "Bueno, eso es demasiado bueno para ser verdad. ¿Qué está sacando esa otra persona de eso? ¿Cómo es que esto parece tan suave y rápido? " Estas son preguntas naturales para hacer, porque si en el pasado usted ha sido engañado, defraudado, estafado o maltratado por las páginas de ventas en línea, usted también desarrollaría este tipo de actitud.

Es una respuesta demasiado humana y completamente natural. Como dice el viejo refrán, "Si me engañas una vez, la culpa es tuya. Si me engañas dos veces, la culpa es mía." Por eso es imperativo que cualquier comercializador responsable que esté realmente interesado en tener éxito, sea lo más transparente, sincero y auténtico posible.

Créame, he visto muchos embudos de ventas en Internet. De hecho, mucha gente diría que he visto demasiado. Y puedo garantizarle que muchos de los embudos de ventas fallidos tienen algo en común. Producen una imagen incompleta.

Esto no significa que no pueda posicionar su producto para que se vea superior incluso a un producto que se conoce como el asesino de categorías en su industria. Esto no significa que no pueda posicionar el producto que está vendiendo de tal manera que esté bajo la mejor luz posible. Eso es diferente a la tergiversación o la mentira.

Un embudo de ventas eficaz debe proporcionar una imagen clara y completa. Por lo tanto, no puede simplemente mostrar su producto de una manera en la que lo único que la gente pueda ver sea una dimensión del producto. Porque una vez que las personas compren tus cosas y puedan ver que realmente las engañaron porque no vieron todas las otras dimensiones de tu producto, ¿cómo crees que se sentirían?

Digámoslo de esta manera, ¿cómo te sentirías si alguien te hiciera eso? Entonces, lo importante aquí es devolver el control al consumidor. Cuando ven una imagen completa del producto, y estoy hablando de descripciones y reseñas que básicamente apuntan a todas las dimensiones del producto, tanto buenas como malas, pueden ver que eres un tirador directo. Pueden ver que no estás escondiendo la pelota.

De esta manera, les das el control, porque ahora, todavía pueden elegir tu producto porque tienen toda esta información. Por supuesto, debe haber mucho posicionamiento aquí. No puedes simplemente decir: "Bueno, tengo esta computadora y es algo lenta, aquí, cómprala". Eso es patético.

La gente no te comprará porque dijiste que es lento. Solo tienes que diseñar los números y dejar que conecten los puntos. Por supuesto, no puede hacer esto de forma pasiva porque también tiene que posicionar la computadora que está vendiendo en función de su fuerza.

Quizás la computadora tenga una de las mejores pantallas del mercado. Resalta eso, luego di que esta es la velocidad. Ahora bien, si hicieran la investigación, sabrían que esa velocidad está en el medio de la carretera o en el extremo lento, pero eso depende de ellos, tú hiciste tu parte. Compartes la información, no escondes la pelota.

Compare esto con alguien que básicamente dice que esta es la mejor pantalla, y eso es todo lo que dijo esa persona. No mencionó la velocidad. No mencionó todos los demás elementos de la computadora. Eso dará lugar a reembolsos más altos y una enorme cantidad de insatisfacción.

Así que hágase un gran favor, configure un embudo de ventas eficaz que maximice la transparencia, la sinceridad y la autenticidad. Para descubrir cómo hacer esto correctamente y maximizar sus ganancias, haga clic aquí.

Si desea ganar dinero en línea, debe comprender que no todos van a comprarle

Uno de los mayores obstáculos a los que se enfrentan muchos especialistas en marketing novatos es el psicológico; realmente es. Porque tienes que entender que las mayores barreras para nuestro éxito son las barreras a las que nos aferramos y nos aferramos a nosotros mismos. Estos son psicológicos. Estas son actitudes, mentalidades e ideas que tenemos, y créanme, tienen un impacto tremendo en nuestras decisiones.

Cuando ves el mundo de cierta manera y no te alejas de esa vista, o te niegas a madurar o cambiar, te estás reprimiendo. Porque las personas maduras cambian sus puntos de vista en función de sus experiencias.

Cuando obtienen nueva información o pasan por diferentes experiencias, cambian de opinión. Esa es la definición de madurez. El problema con muchos especialistas en marketing, especialmente los que tienen dificultades, es que se niegan a cambiar sus puntos de vista. Es como si los estuviera entrevistando justo en el momento en que decidieron ganar dinero en línea.

Una de las opiniones más comunes es que todo el mundo es un cliente ideal. No me refiero solo a un cliente potencial para lo que sea que esté promocionando, sino a uno ideal. Eso por sí solo dice mucho de la ignorancia de estas personas.

Por favor, comprenda que si bien es cierto, se puede convencer a todas las personas de que compren algo que realmente no necesitan, todo se reduce al costo y, lo que es más importante, a los costos de oportunidad. La causa directa de estos es fácil de ver. Si alguien no está realmente interesado, puede dedicar una gran cantidad de tiempo a los recursos; mostrando todo tipo de anuncios, bombardeando a esa persona con todo tipo de artículos y llegando a las personas que esa persona ya cree que es creíble y autorizada, y tal vez pueda hacer que esa persona firme en la línea punteada.

Me costó mucho esfuerzo. Definitivamente se necesita mucho dinero. Ahora, aquí está el problema: si bien pudo obtener una victoria con esa persona, cuántas ventas más podría haber obtenido si hubiera filtrado a esa persona desde el principio.

En otras palabras, ¿cuánto más dinero podría haber ganado si dedicara todo ese tiempo, esfuerzo, energía y dinero a las personas que tienen más probabilidades de comprarle? A esto se le llama costo de oportunidad. Entonces, cuando usted cuenta todos estos costos, en realidad está desperdiciando dinero a puñetazos, yendo tras el tráfico equivocado.

Lo mismo se aplica a los embudos de ventas online. El principal sello de un embudo de ventas efectivo es que es obvio para las personas que no están interesadas en lo que usted tiene para ofrecer, que su página de ventas no es para ellos. Les estás haciendo un gran favor tanto a ellos como a ti mismo cuando haces eso.

Entonces, la clave aquí es no preocuparse por crear un sistema de embudo de ventas que atraiga a todos y a cualquier persona de los cuatro rincones del mundo. Ese no es tu trabajo. Su trabajo consiste en encontrar personas que sean más propensas a comprarle y poner sus ojos frente a un sistema que está finamente ajustado para convertir a la mayor cantidad posible de esas personas.

Espero que puedas entender la diferencia. No se trata de un atractivo universal. En cambio, se trata de un atractivo específico y altamente filtrado. Para aprender cómo armar un embudo de ventas efectivo, de modo que filtre rápidamente a las personas desinteresadas y maximice sus esfuerzos para convertir prospectos interesados, haga clic aquí.

Sobre el Autor

CX Cruz nació en Puerto Rico y ha vivido en el área de la ciudad de Nueva York desde que tenía 14 años. Tiene títulos de posgrado de la Universidad Estatal de Nueva York y la Universidad de Honolulu en Ciencias de la Computación. Ha trabajado para bancos de inversión europeos como UBS y para bancos estadounidenses como Goldman Sachs. Sus pasatiempos incluyen la silvicultura y el remo.

Cuando era un estudiante de posgrado muy joven, Cruz pensó en publicar libros. Era extremadamente difícil publicar un libro usando los métodos tradicionales hace 30 años. Él renunció a este sueño editorial en ese entonces. Afortunadamente, existen numerosas formas de convertirse en un autoeditor en la actualidad. Internet ha democratizado muchas empresas como la publicación de libros. Cruz puede ofrecerte un excelente contenido y un excelente precio. Nunca dejes de leer y aprender. ¡Cruz sabe que disfrutará leyendo sus libros!

Legal

El material de este libro se obtuvo de InDigitalWorks.com con Master Resale Rights.